Michaela Glöckler

Die männliche und weibliche Konstitution

Vorträge

40

Michaela Glöckler

Die männliche und weibliche Konstitution

Medizinisch-
menschenkundliche Aspekte zur Ehe

Urachhaus

ISBN 3 87838 519 6

Umschlaggestaltung: Hans Joachim, Stuttgart
Satz und Druck der Offizin Chr. Scheufele, Stuttgart

Verehrte Anwesende!

In der kinderärztlichen Praxis werden wir häufig mit Eheproblemen konfrontiert, weil Kinder hierauf mit körperlichen Beschwerden reagieren können. Symptome wie Erbrechen, Durchfall, hohes Fieber, Bettnässen, Unruhe, Aggressivität u. a. führen dann in die Sprechstunde. Da versucht dann der Kinderarzt nicht nur ein Rezept zu schreiben, sondern auch ins Gespräch zu kommen und zum Beispiel die Mutter zu fragen: »Und wie geht es Ihnen – sind Sie zur Zeit sehr belastet mit Arbeit und Verpflichtungen?« Oft werden jedoch die häuslichen Probleme von den Eltern selbst angesprochen. Da heißt es dann beim zweiten Arztbesuch: »Ja, vielleicht wird es Sie interessieren, bei uns ist es zur Zeit zu Hause so und so. Ich glaube, daß der Kleine da zu viel mitbekommt und das in der Krankheit abreagiert...« Und ehe man sich es versieht, ist man mitten in einer Eheberatung darin, für die man zwar nicht speziell ausgebildet ist, der man sich jedoch aufgrund eigener Erfahrung und vieler Gespräche nicht entziehen kann, zumal, wenn sich über Jahre hin zu der Familie ein Vertrauensverhältnis aufgebaut hat. So wird man persönlich Stellung nehmen und zu raten suchen, um dem Kind zu helfen.

Wie kann man in einer Krisensituation Verständnis erwekken für – ja, den anderen, für die Art und Weise, wie man miteinander umgehen kann? Dies ist eine der wichtigsten Fragen heute. Denn unsere Probleme liegen in erster Linie im Sozialen. Wir alle machen die Erfahrung, daß, je mehr gesellschaftliche Normvorstellungen und Konventionen zur Regelung des privaten Lebens abgebaut werden und der Freizeitraum des einzelnen sich vergrößert, diese Probleme eher zunehmen. Noch vor hundert Jahren, ja bis zu einem gewissen Grade noch bis zum Ende des Zweiten Weltkrieges war es so, daß das gesellschaftliche Leben und auch das eheliche Leben in einem viel stärkeren Maße als heute von bestimmten gesellschaftlichen und vor allem auch kirchlichen Grundansichten – was richtig und was falsch ist im menschlichen Zusammenhang – geregelt war. Daß von Jahr zu Jahr diese Reglementierungen von außen immer weniger akzeptiert werden, ist eine Signatur unseres Jahrhunderts, die ja im Grunde zu begrüßen ist. Denn der einzelne Mensch wird sich in zunehmendem Maße darüber klar, daß er selbst für sich und die Gestaltung seines Lebens verantwortlich ist, nicht aber der Staat oder die Kirche. Mit diesem »ich bin selbst für meine Lebensweise verantwortlich« ist jedoch zugleich ein Konfliktstoff gegeben für das soziale Zusammenleben. Wie kann ein harmonisches Zusammenleben und Arbeiten entstehen, wenn jeder seinen eigenen Neigungen folgt? Auf diese Frage können äußere Instanzen oder gesetzliche Regelungen keine befriedigende Antwort geben. Wer meint, eine Heilung unserer sozialen Konflikte könne zustande kommen dadurch, daß irgendwo ein großer Mann oder eine bedeutende Frau ein Modell harmonischen Zusammenlebens entwickelte, und wir müßten uns dann »nur« danach verhalten, der ist im Irrtum befangen. Eine wie immer geartete seelische oder äußere politische Diktatur würde nur vorübergehend eine Art Ruhe vor dem Sturm bewirken, die, wenn dann dieses Regime abgesetzt wäre, ein um so größeres Chaos zur Folge hätte. Denn die Menschheit ist in Entwicklung begriffen. Sie toleriert die alten Herrschaftsformen nicht mehr. Und wenn Sie in die Geschichte zurückschauen, so zeigt jedes Jahrhundert ein anderes Gesicht.

Wenn Sie beobachten, wie die Mäuse ihre Löcher buddeln, wie die Bienenwaben geformt sind – schön sechseckig – so zeigt sich da kein Wandel im Verhalten dieser Tiere seit der vorchristlichen Zeit. Tiere haben etwas, worum sie von manchen Menschen beneidet werden: nämlich eine eingeborene Ordnung, eine eingeborene Regelung ihres Sozialverhaltens, ihrer Kommunikation, ihrer Umwelt- und Selbstbezogenheit. Wo auch immer wir sie beobachten, wo sie ungestört leben können, spüren wir etwas von dieser Harmonie des Daseins. Wenn eine Katze sich leckt, wenn eine Biene an der Arbeit ist, berührt uns dies doch ganz eigentümlich. Und wir fragen uns einerseits: Wie halten diese Tiere das nur aus, immer dasselbe artgemäß zu tun? Andererseits: So gut möcht' ich es auch einmal haben! So selbstverständlich leben zu dürfen. Im krassen Gegensatz erscheint uns demgegenüber die Geschichte der Menschheit: Wie kommt es, daß unsere Häuser anders sind, unsere Kulturbauten und Verkehrsbedingungen andere sind, auch unsere Politik, unsere Erziehung, unsere Philosophie, alles, alles anders ist, als es z. B. 500 Jahre vor Christus der Fall war? Das hängt eben mit der Tatsache zusammen, daß der Mensch ein Naturwesen ist, das schon konstitutionell dazu veranlagt ist, sich und die Erde unablässig zu verändern. Gewaltige Umstrukturierungen des Bewußtseins haben sich bis heute vollzogen, in deren Folge sich Verhalten und Lebensweise änderten. Heute sind wir in einer Zeit angekommen, wo eben das Selbstbewußtsein des Einzelnen eine Stärke angenommen hat, die alles übersteigt, was in früheren Zeiten da war. Wenn man sich überlegt, daß zum Beispiel Karl der Große Analphabet war und mühsam lesen und schreiben lernte und noch gerne mit den Fingern aß, empfindet man die Dimension der Menschheitsentwicklung, in der es heute selbstverständlich ist, daß jedes Schulkind lesen und schreiben lernt und mit Messer und Gabel ißt. In gewissem Sinne findet es in der Schulzeit bereits Anschluß an ein kulturelles Niveau, auf dem noch vor gar nicht langer Zeit nur der Klerus und die Gelehrten standen. Heute ist das eben selbstverständlich, daß jeder einzelne Mensch in unserem zivilisierten Leben dazu erzogen wird, selbst zu denken, selbst zu urteilen. Das kann man auf der einen Seite als einen großen Fortschritt ansehen. Auf der anderen Seite wird deutlich, daß in dem Moment, wo dieses starke Selbstbewußtsein entwickelt ist, und eigenständig gedacht wird, man sich nichts mehr sagen lassen will. Da will man dann auch eher selber Fehler machen, aus eigenen Erfahrungen lernen. Wenn aber viele, viele Menschen immer wieder dieselben Fehler machen, wird es einem auch unheimlich zumute und man fragt sich: Wie lange hält das die Erde noch aus, so vieles, was da zerstört wird, wieder zu regenerieren und auszugleichen? Wir empfinden es deutlich: Es ist heute bereits eine Situation eingetreten, in der wir die Begrenzung der Entwicklungsmöglichkeiten unserer Erde als Planet sehen – ich brauche das sicher nicht weiter auszuführen – und in der wir in eine Art innere spannunggeladene Haltung kommen und uns fragen: »Werden es die einzelnen Menschen schaffen, von ihrer Selbstreflexion, von ihrem Grübeln über das eigene Wohl und Wehe so weit hinwegzukommen, daß sie anfangen, sich für das Schicksal der Erde und ihrer Entwicklung und das der ganzen Menschheit zu interessieren?« Auf dem Hintergrund dieser Frage möchte ich auch den heutigen Abend verstanden wissen. Wie lernen wir, die Erfahrungen des Ehelebens zu einer Quelle gegenseitigen Verstehens werden zu lassen, die Kraft geben kann für die alltäglichen Aufgaben und Pflichten? Es ist erschreckend zu sehen, wie gerade das Eheleben heute immer mehr dazu angetan ist, viele gute Kräfte in internen Auseinandersetzungen zu verschleißen. Wieviel seelische Energie wird da verbraucht und wie schwer wird es dadurch für den einzelnen, sich noch mit den über das Persönliche hinausgehenden Fragen, Angelegenheiten der Zeit und der Welt so zu beschäftigen, daß Phantasie entwickelt werden kann, auch etwas zur positiven Veränderung zu tun. Oft reicht das Interesse des einzelnen nur noch zum Zeitunglesen, Nachrichtenhören und die Zustände kritisieren aus. Daher hoffe ich sehr, daß die Gedanken, die hier über das Eheleben ausgetauscht werden, dazu beitragen, daß wir alle in unserem Umkreis etwas wacher werden für die Möglichkeiten, Kräfte zu sparen, uns gegenseitig wirklich unterstützen zu lernen und immer mehr Energien freizubekommen für die Probleme, die unsere Zeit uns stellt und wo jeder einzelne gefragt ist und mithelfen kann. Das Thema unseres heutigen Abends klingt ja sehr anspruchsvoll, dafür möchte ich mich fast entschuldigen – aber das liegt in der Natur der Sache.

Wenn etwas über den Unterschied zwischen Mann und Frau gesagt werden soll und über gegenseitiges Verstehen, so tritt sofort die Frage auf: Ja, wo bleibt hier eigentlich der Mensch? Sind wir nicht schon wieder in diesem Rollenspiel

darin und drängen das Individuelle gegenüber dem Gattungsmäßigen in den Hintergrund? Liegt nicht vielleicht schon darin ein Grund für häufige Mißverständnisse, daß wir das Gattungsmäßige zu stark in den Vordergrund rükken und man sich als Mensch nicht mehr ganz ernst genommen sieht? Daß das Individuelle, das Ich-Erlebnis des Menschen und seine Tatbereitschaft, heute in den Vordergrund treten, zeigen die Emanzipationsbestrebungen auf vielen sozialen Gebieten. Auch dies ist eine Folge des zunehmenden Selbstbewußtseins. Daher sei zunächst danach gefragt, wie dieses menschliche »Selbst« sich als geistiges, seelisches und leibliches Wesen erlebt. Bitte haben Sie ein wenig Geduld, wenn ich mit dem eigentlichen Thema erst nach diesen Vorüberlegungen beginnen werde.
Fangen wir mit dem Seelenleben an. Das ist ein Feld, das wir nur durch unsere eigene Innenbeobachtung erschließen können. Denn alle, die wir hier sitzen, erleben unser Innenleben als einen in sich geschlossenen Seelenraum, in dem sich jeder für sich bewegt und von dem wir wissen, daß er sich von dem des anderen unterscheidet. Damit hängt ja auch eines dieser zehrenden Eheprobleme zusammen, daß man eines Tages die Empfindung bekommt, der andere versteht einen nicht, hat einen nie verstanden. Es erscheint einem als furchtbare Illusion, daß man das Gegenteil einmal geglaubt hat. Und dieses Sich-nicht-verstanden-Fühlen ist mit einem außerordentlichen Einsamkeitserlebnis verbunden. Es bringt uns Reichtum und Begrenzung unseres Seelischen klar zum Bewußtsein. Wir würden uns dem anderen gerne mitteilen, finden aber nicht den Weg zu ihm. Die Seelen sind sich gegenseitig verschlossen. Und der, der einem eigentlich der nächste war, rückt plötzlich in beson-

ders weite Ferne, obwohl man neben und mit ihm lebt. Wir erleben die Seele als den Lebensraum unserer Persönlichkeit. Er kann sich weiten oder eng werden, je nach unseren Lebensumständen. Er kann in der Depression so zusammenschrumpfen, daß wir zum Schluß nur noch uns selbst erleben und kein Interesse und keine Anteilnahme an der Welt mehr möglich ist. Umgekehrt kann er im Zustand voller seelischer Gesundheit so weit werden wie die Welt. Wir können alle Probleme um uns ernst nehmen, seelisch bewegen und in uns aufnehmen. Der Seelenraum ist dann so weit, wie unsere Blicke reichen, und so weit, wie der Verstand greift. Nun ist es das Eigentümliche, daß ein Mensch, der sich für viele und vieles interessiert, in der Regel keine Zeit dazu hat, persönliche Probleme über ein gewisses Maß hinaus zu bewegen. Er kann es sich nicht leisten, zu grübeln und zu brüten, zu hadern und unzufrieden zu sein. Er wird nicht endlose Energien verschleißen im Bedenken des eigenen Wohl und Wehe. Das ist eine Tatsache. Umgekehrt ist dieses um so mehr der Fall, je enger und selbstbezogener der Seelenhorizont ist. Unsere Seele ist demnach immer in Bewegung. Sie ist nie endgültig begrenzt. Sie ist unser persönliches Erlebnisfeld. Da spielen Gesundheit und Krankheit, die jeweiligen Lebensumstände, das Schicksal stark prägend mit herein. Aber eines können wir uns immer klarmachen: Unser »Ich«, unsere Persönlichkeit braucht diesen seelischen Lebensraum, und es hängt ihr Lebensglück davon ab, ob sie es lernt, diesen Raum immer bewußter selbst mitzugestalten und ihn nicht nur von außen anregen und bewegen zu lassen.

Wie ist ein solches Mitgestalten möglich? In diesem Seelenraum finden wir unsere Gedanken, Wünsche, Erinnerungen, Erfahrungen, unsere Lebensmotive, Gefühle und Willensintentionen vor. Dabei fällt auf, daß eine Fülle von Empfindungen, Gefühlen, Trieben und Absichten dadurch zustande kommt, daß wir Hunger haben, daß wir Lust auf dieses und jenes haben, wonach unser Körper verlangt. Ein großer Teil unseres Seelenlebens wird davon unmittelbar geprägt. Das heißt, sehr vieles von dem, was wir seelisch erleben, entstammt Neigungen, die wir eindeutig als leibgebunden empfinden. Das geht bis dahin, daß, wenn wir einen schweren Durchfall haben, wir uns seelisch schlapp und lustlos fühlen. Auch erleben wir die Leibgebundenheit des Seelenlebens, wenn wir sehr müde sind und uns plötzlich nicht mehr so engagieren können, einfach weil wir nicht mehr können, weil wir »kaputt sind«. Derartige Erfahrungen führen dazu, daß es Menschen gibt, die meinen, das ganze Seelenleben wäre überhaupt schlechthin leibgebunden. Denkt man jedoch ein klein wenig über sein Seelenleben nach, so merkt man, daß das nicht stimmen kann. Denn so, wie beim Tier eine außerordentlich starke Leibgebundenheit erlebt werden kann, weil seine Verhaltensmuster innerhalb einer Gattung ungeheuer ähnlich sind und bleiben, so ist dieses beim Menschen gerade nicht der Fall. Er kann sich an jede neue Umgebung anpassen, immer neue Lernprozesse in Angriff nehmen. Bei ihm finden wir nicht nur unbegrenzte Möglichkeiten der Anpassung an die Umgebung, sondern auch unbegrenzte Möglichkeiten der Distanzierung, des Sich-innerlich-absetzen-Könnens – auch von sich selbst. Es gibt zum Beispiel Menschen, die laufen ein ganzes Leben lang mit einer krummen Nase herum oder schielen und haben deswegen bis ins hohe Alter Komplexe. Sie haben es nicht geschafft, sich von etwas, das

sie körperlich an sich empfinden und sehen, innerlich abzusetzen; und dann gibt es andere – ja, gut – bis etwa Mitte der Zwanziger haben sie sich noch krause Locken gewünscht oder auch beim Friseur machen lassen und dann haben sie sich mit ihrem So-Sein identifiziert bzw. sich innerlich von dem Makelerlebnis distanziert. Dadurch haben sie eine gewisse seelische Unabhängigkeit vom Körper erreicht. Sie haben eine völlig andere, viel freiere Einstellung zu sich und zu anderen Menschen gewonnen.
Naürlich hängt hierbei sehr viel von der Erziehung ab. Wem ständig eingeredet wurde, du bist zu dick, oder dies und das ist nicht so, wie es sein soll, der wird ein solches Trauma ziemlich weit in sein Leben mit hereintragen. Ganz anders ein Mensch, dessen Blick früh auf das Wesentliche, über das persönliche hinausgehende Dinge gelenkt worden ist, und der so angenommen wurde, wie er eben war. Es gibt Menschen – das hat man im Krieg oft erlebt –, die können um anderer Willen lange Zeit Hunger ertragen. Es gibt andere, die sind so verzweifelt oder selbstbezogen, daß sie ihr eigenes Kind aussetzen, um selber satt zu werden. Hier treten gewaltige Unterschiede zutage. Und es hängt natürlich sehr stark von den eigenen Erfahrungen und Erlebnissen, ja vom persönlichen Entwicklungszustand ab, wie weit das Seelenleben als nur vom Körper bestimmt oder aber von ihm unterschiedlich beeinflußt erlebt wird. Und das ist ja auch richtig so. Jeder Mensch hat das Recht auf seine eigene Entwicklung. Keinem kann ein Vorwurf daraus gemacht werden, »daß er noch nicht weiter ist«. Und die Tatsache, daß es Menschen gibt, die anders oder auch besser sind als man selbst, sollte lediglich Ansporn sein, sich in dieser oder jener Richtung selber auf den Weg zu

machen. Wer sich über bestimmte Verhaltensweisen anderer moralisch entrüstet, macht dadurch lediglich einen Rückschritt in der eigenen Entwicklung – den Verurteilten bringt er dadurch nicht weiter auf seinem Weg. Diesen muß jeder selber gehen. Daß wir uns dabei nur selten wirklich etwas abnehmen können, ist bisweilen schwer zu ertragen. Andererseits beruht gerade hierauf unser Freiheitsgefühl. Wir sind zur Selbstgestaltung unseres Schicksals aufgerufen.

Zusammengefaßt können wir sagen: Wenn wir auf den Leib schauen, so merken wir, daß das Seelenleben durch ihn in charakteristischer Weise begrenzt wird.* In einem zarten Körper lebt es sich anders als in einem schweren. In einem Körper, der eine starke Triebgebundenheit hat, lebt es sich seelisch anders als in einem Körper, dessen Organfunktionen stärker in Harmonie miteinander stehen, so daß von daher zum Beispiel kein starker Triebdruck entsteht. Das ist verschieden. Aber – wir werden auf diesen Punkt nachher noch zu sprechen kommen – auch hier ist es so, daß der Mensch im Laufe seines Lebens sehr viel, bis ins Körperliche herein, aus eigener Kraft an sich selbst verändern kann, bis in seine Organfunktionen hinein. Ein ganz großer Irrtum ist es, zu meinen, so wie ich bin, muß ich mein ganzes Leben lang bleiben.

Was ist Geist? In der Beantwortung dieser Frage kann man es sich sehr kompliziert machen. Man kann sich aber auch sehr schlicht sagen, daß der Geist etwas so Selbstverständliches, so Alltägliches ist wie unser Körper und wie das, was

* Vergl. auch das Kap. Leib, Seele und Geist in Rudolf Steiners »Theosophie«, GA 9.

wir als unser persönliches Seelenleben empfinden. Denn das Geistige in der Welt und in uns erkennen wir daran, daß es das Tätige, das Wirksame in allem ist. Die Art und Weise, wie wir Menschen das Geistige erfassen können, ist, daß wir es in bewußter Weise denken können. Das ist die Art, wie wir es in einem allerersten Zugang, in einer allerersten Näherung erfassen können: durch unser Denken.
Das möchte ich gerne an ein paar Beispielen erläutern. Ich habe gesagt: Das Geistige wirkt, das heißt alles, was wir denken können über die Welt und über uns, ist ja, wenn wir es richtig gedacht haben, so, daß es stimmt. Wir denken ja ungern in Irrtümern, das ist ja nicht das Anliegen des Denkens, daß wir uns Illusionen machen oder absichtlich falsch denken, sondern wenn wir über etwas nachdenken, haben wir immer das Bestreben, richtig zu denken. Und wenn wir etwas richtig gedacht haben, dann stimmt das, was wir denken, mit dem, was wirklich ist, überein. Nun gibt es aber ganz verschiedene Arten, etwas zu denken. Eine erste Art ist die des *Nachdenkens* über die äußere Welt und die in der Natur wirksamen Naturgesetze. Auf diesem Erkenntnisfeld sind wir heute schon ziemlich weit. Und das Großartige ist, daß wir merken, wir können die Gesetze der Aerodynamik, der Thermodynamik, der Physik, der Mathematik, der Chemie – wir können alles denken. Und in China, in Amerika, in den Laboratorien der UdSSR und in Prag forscht man an denselben Objekten, und auf großen internationalen Symposien – unabhängig vom politischen System – tauscht man sich aus, merkt man die Übereinstimmung und das gegenseitige Verstehen über alle persönlichen, ideologischen, nationalen und rassischen Dinge hinweg. Die großen Forscher aller Kontinente und aller Regi-

mes verstehen sich selbstverständlich, so wie zwei Schulkinder sich verstehen, die herausbekommen haben, daß 2 × 2 gleich 4 ist. Solches Nachdenken macht uns auch die Übereinstimmung unseres Denkens mit den Gesetzen der sichtbaren Natur deutlich. Und das ist etwas ganz Bemerkenswertes: Es liegt tatsächlich in der Natur des menschlichen Denkens, daß jedes Weltgesetz in diesem Denken wiedergefunden werden kann.

Als mir dieser Gedanke zum ersten Mal richtig bewußt wurde – das muß ich Ihnen ganz ehrlich gestehen –, da habe ich mich zum ersten Mal auf dieser Erde so richtig zu Hause gefühlt. Mir war plötzlich klar, daß, was ich mir immer so eingeredet hatte, ich wäre letztlich doch heimatlos allein und von der Welt abgetrennt – unfähig, etwas zu ihrem Gedeihen beizutragen, daß das ein Irrtum war. Das Denken ist tatsächlich eine Tätigkeit, die einen mit allem, was es überhaupt nur gibt, in Beziehung bringen kann. In Gedanken können wir nachvollziehen, was in der Welt geschieht. Wir können die Übereinstimmung erleben zwischen dem Denken, das in uns wirksam ist, und demjenigen, das in der Welt wirksam ist. Das führt zu einem Gefühl tiefen Verbundenseins mit allem Geschehen, mit der Entwicklung der Erde und deren Wesen. Neben diesem Nachdenken über die Natur haben wir aber auch die Fähigkeit des *Vorausdenkens*. Vorausdenken tun wir zum Beispiel, wenn wir überlegen: Wie soll eigentlich die Welt in zehn Jahren aussehen, oder wie will ich mein Leben gestalten? Durch solche Fragen kommen wir in eine völlig andere Art des Denkens herein: in das idealistische Denken. Das Charakteristische der Ideale ist, daß wir sie nicht mit Augen sehen oder mit Händen greifen können, sondern daß wir sie nur rein gedanklich fassen können. Auch existieren sie für uns nicht, wenn wir sie nicht denken wollen. Jeder, der Schweres in seinem Leben durchgemacht hat, kennt das Erlebnis, daß das, was ihn durchhalten ließ, was ihn getragen hat, die Ideale waren; es war ein verbindliches Lebensmotiv, dem man sich verbunden fühlte. Wem ein solches Motiv fehlte, dem brach seelisch das Trage- und Aushaltevermögen zusammen und er hat unter Umständen sogar seinem Leben ein Ende gemacht.

Damit sind zwei Seiten des Geistes charakterisiert: der in der sichtbaren Natur und damit auch im menschlichen Leib wirksame Geist und derjenige Geist, der sich nur dem denkenden Bemühen erschließt, wenn wir über Ziel und Form des Lebens nachdenken, uns für Ideale begeistern und eine moralische Ordnung der Naturordnung an die Seite stellen. Blicken wir auf die Ideale, auf die ethischen Werte des Lebens, so kommen wir bereits in den Bereich, von dem auch die Religionen und Philosophien in Form von Einsichten, Intuitionen oder Offenbarungen sprechen. Denn das Ideal der Liebe kann von uns bloß gedacht werden. Es kann aber auch eine für uns verbindliche Form bekommen, und wir können versuchen, es zu verwirklichen – allen inneren Widerständen zum Trotz. Ebenso ist es mit dem Ideal der Treue, der Freundschaft oder der Güte.

Rudolf Steiner hat außer dem exakten Nachdenken und dem schöpferischen Vorausdenken noch andere Möglichkeiten des Denkens aufgezeigt: die Weiterbildung der Denktätigkeit zu der Imagination, der Inspiration und der Intuition. Dadurch konnte er auch die Wirklichkeit erforschen und unmittelbar einsehen, die den Idealen so entspricht wie ein Naturgesetz einer Naturwirklichkeit: Die

Wirklichkeit der geistigen, d.h. der übersinnlichen Welt. Er konnte zeigen daß Ideale die gedankliche Offenbarung geistiger Wesen sind. Auch schilderte er, welche geistigen Wesen es sind, die sich uns Menschen nähern, wenn wir das Ideal denken, das ihr Wesen kennzeichnet.

Ein armes Seelenleben, welches wenig und nur schattenhafte Gedanken hat, das wenig Nahrung von der Welt bekommt, wenig Übereinstimmung mit der Welt erlebt hat, wird ganz fixiert sein auf sein leibliches Wohl und Wehe. Das muß so sein, weil der Seelenraum nur das enthält, was bisher erlebt und gelernt wurde. Und hier liegen große soziale und pädagogische Probleme unserer Gegenwart. Denn es gehört zum Lebensglück eines Menschen, eine Erziehung zu bekommen, die ihn auf den Weg bringt, seine Seele immer mehr mit den geistigen Inhalten, das heißt mit Wahrheiten dieser Welt in Beziehung zu bringen und damit das eigene Selbst mit den Angelegenheiten der Menschheit zu verbinden. Wenn das eine Schule leistet, daß der Schüler später ein Leben lang Freude am Lernen behält, dann hat sie ihren Zweck erfüllt. Dann wird man sich in jeder Lebenslage zu helfen wissen.

Werfen wir von diesem eben skizzierten Leib-Seele-Geist-Verständnis aus einen Blick auf die menschliche Biographie: Zunächst entwickelt sich der Leib. Essen und Schlafen sind Hauptbeschäftigungen des Säuglings. Dann erwirbt er nach und nach den aufrechten Gang, fängt an zu sprechen; es entwickelt sich an diesem Sprechen das Denken. Wir merken, wie Jahr um Jahr, je reifer der Körper wird, auch das seelische Leben immer mehr in Erscheinung tritt. Es drängt sich die Frage auf: Wie kommt es denn, daß das Auftreten seelischer Fähigkeiten immer an ein Reifen ganz bestimmter körperlicher Funktionen gebunden ist? Da könnte man zum krassen Materialisten werden und sagen, aha, das ist ja ganz klar: wenig Seelenleben – unreifer wachsender Organismus; viel Seelenleben – ausgewachsener gut funktionierender Organismus. Eine solche Ansicht stimmt etwa bis zur Lebensmitte. Spätestens aber mit 40–50 Jahren stimmt sie mit der Lebenserfahrung nicht mehr überein. Denn alt werden heißt ja nicht, nach dem 40. oder 50. Jahr seelisch-geistig abbauen, unbrauchbar werden, so wie es der Leib mit Notwendigkeit wird. Im Gegenteil. Spätestens da merkt es jeder Mensch, daß an dieser materialistischen Theorie etwas nicht stimmt. Denn wer gesund alt wird, erlebt gerade ein Reicherwerden seines Innenlebens von Jahr zu Jahr. Allerdings gehört es ebenfalls zu den ganz großen Problemen unserer Gegenwart, daß viele Menschen durch eine unzureichende Erziehung nicht auf eine Selbsterziehung und geistige Weiterentwicklung vorbereitet worden sind. Dadurch wird die Disposition gefördert, im Alter auch seelisch-geistig abzubauen.

Andererseits gehört es zum Schönsten, was einem gerade als jüngerer Mensch begegnen kann, eine achtzigjährige Frau oder einen vierundneunzigjährigen Mann zu treffen, die geistig frisch sind, und obwohl der Hormonspiegel und andere Körperfunktionen schon enorm reduziert sind, kein bißchen an Empfindungen und Gefühlen verarmt sind – im Gegenteil: geläutert, reich, abgeklärt, großartig. Es treten einem menschliche Qualitäten entgegen, die man einfach bei einem 35jährigen Menschen nie beobachten könnte.

Um dieses Phänomen zu verstehen, ist es nötig, sich ein Ergebnis aus Rudolf Steiners Geistesforschung klarzumachen. Nämlich dieses, daß unser Denkvermögen nichts anderes ist als die Summe aller Gesetzmäßigkeiten und Tätigkeiten, die in Embryonalentwicklung, Kindheit und Jugend das Wachstum und weiter noch im späteren Leben die Regeneration besorgen. Das heißt mit anderen Worten, daß die Denkfähigkeit die vom Leib nicht mehr beanspruchte, emanzipierte Wachstumskraft ist. Oder, wie Rudolf Steiner es lapidar formuliert: Denken ist metamorphosierte Wachstumskraft. Auf dem Hintergrund dieser geisteswissenschaftlichen Tatsache ist es verständlich, daß der Mensch im Alter seelisch-geistig reicher und reifer werden kann, weil sein älter werdender Körper immer weniger Kraft zur Regeneration beansprucht. Das heißt, daß die abnehmenden Vitalfunktionen des Körpers, jeder Zelluntergang bei einem Gewebe, das sich vorher noch stärker regenerierte, eine gleichzeitige Zunahme geistiger Möglichkeiten anzeigen können. Die Regenerations- bzw. Wachstumskräfte machen also eine Metamorphose ihrer Wirksamkeit durch, in dem Maße, wie sich der Körper entwikkelt oder langsam wieder abstirbt.

Dieser Tatbestand eröffnet einen neuen Einblick in den sogenannten »Leib-Seele-Zusammenhang« und stellt Medizin und Pädagogik auf eine Grundlage, auf der das Wechselverhältnis von Leib, Seele und Geist bei jeder zu ergreifenden Maßnahme berücksichtigt werden kann.

Das Kind kommt eben deswegen zum Zahnwechsel richtig in die Schule, weil die härteste Substanz seines Körpers, nämlich der Zahnschmelz, fertig gebildet ist. Zwischen dem 6. und 8. Lebensjahr reifen die Schmelzkronen aus, die dann im Laufe der folgenden Jahre durchbrechen. Die mit dem Abschluß der Schmelzbildung frei werdenden Wachstumskräfte bewirken, daß beim Kind plötzlich ein intelligentes Vermögen auftritt, das es vorher nicht hatte: Nämlich das abstrakte Erinnerungsvermögen. Ein Kind kann plötzlich – das gehört zur Schulreife – eine ganze Geschichte lückenlos wiedererzählen, es kann vom Augenschein abstrahieren und zum Beispiel verschieden geformten Glasgefäßen, in die dieselbe Menge Wasser gefüllt wird, ansehen, daß in ihnen tatsächlich gleich viel Wasser darin ist. Entsprechend geschieht eine Verwandlung des seelischen und geistigen Lebens mit jedem Schritt in der körperlichen Entwicklung. Daher kommt es auch, daß sich unser Seelenleben und unsere Art zu denken und zu empfinden im Laufe des gesamten Lebens immer weiter entwickeln und ändern können. Und damit hängt es auch zusammen, daß wir durch die Art unseres Denkens zerstörend oder aufbauend auf unseren Leib zurückwirken und ihn über längere Zeiträume in seinen Funktionen beeinflussen können (vergl. S. 14/15).

Diese Tatsache ist es nun auch, die mit dem Thema des heutigen Abends, nämlich der Verschiedenheit von Mann und Frau in körperlicher und seelischer Beziehung ganz entscheidend zu tun hat. Man kann zwar auf diesem Sektor viele psychologische Studien treiben, kann dicke Bücher darüber schreiben und wird trotzdem das Leib-Seele-Problem nicht wirklich verstehen, ohne den genannten Tatbestand zu berücksichtigen. Das mag sehr anmaßend klingen, wenn ich das hier so sage. Ich kann es im Rahmen eines Vortrages ja auch nur andeuten – aber ich bin sicher, daß Ihnen dieser Gesichtspunkt etwas gibt für das Verständnis von Mann und Frau, das erhellend zu dem hinzutritt, was in den dicken psychologischen Wälzern, die Sie vielleicht zu Hause bei sich stehen haben, über dieses Thema zu lesen ist.

Was besagt der genannte Tatbestand vom Zusammenhang des Denkens mit den Wachstumskräften über den Unterschied von Mann und Frau? Jeder Mensch hat, wie Sie wissen, 22 Chromosomenpaare (Autosomen) und dann noch zwei spezielle, die sein Geschlecht bestimmen. Nun könnte man annehmen, daß sich gleich von Anfang an während der Embryonalentwicklung zeigt, wer hier ein Junge oder ein Mädchen wird. Die Natur macht es jedoch seltsam umständlich: Wenn Sie sich einen 3–4 Wochen alten Embryo vorstellen, so sehen Sie das Folgende: Es beginnen die sogenannten Urkeimzellen in die Region der zu bildenden Fortpflanzungsorgane einzuwandern und die Entwicklung der Keimdrüsen zu induzieren bzw. zu veranlassen. Und da bilden sich zunächst bei beiden Geschlechtern ganz genau dieselben Gewebestränge als doppelgeschlechtliche Anlage aus. Und dieses völlig gleichartige Aussehen der Keimdrüsenanlage dauert bis zum Ende des zweiten Lebensmonats. Dann erst beginnt die sichtbare Differenzierung in ein männliches und ein weibliches Geschlecht. Dabei bildet sich die bereits angelegte Keimdrüse des entgegengesetzten Geschlechtes wieder zurück. Und es bleiben beim Mädchen von den sogenannten Wolfschen Gängen und bei den Jungen von den Müllerschen Gängen nur kleine Rudimente im Umkreis der Fortpflanzungsorgane zurück. Jeder Mensch trägt solche Rudimente vom entgegengesetzten Geschlecht in sich – gleichsam als kleine organische Erinnerungen an die Embryonalzeit. Man kann sich wirklich fragen, warum der Körper diesen Umstand macht – er hat doch genug zu tun, um in neun Monaten fertig ausgebildet zu sein. Warum verbraucht er hier die ersten zwei Monate damit, alles doppelt anzulegen und es dann wieder rück-

gängig zu machen? Immerhin doch von neun Monaten zwei Monate – eine ganz schöne Zeit. Und so naiv muß man hier fragen, um dem Verständnis näher zu kommen. Denn eines kann man unmittelbar an dem Vorhandensein der Rudimente ablesen: Die Potenz, eine männliche oder weibliche Organanlage zu bilden, die steckt in jedem Menschen darin. Mit hohen Dosen von Testosteron läßt sich daher auch zeitlebens bei der Frau das Auftreten der männlichen sekundären Geschlechtsmerkmale provozieren und umgekehrt mit Östrogenen beim Mann die weiblichen: Sein Bartwuchs geht zurück, die Brust fängt an zu wachsen und der typisch weibliche Fettansatz bildet sich. Die Frau dagegen bekommt eine tiefere Stimme, ihre Skelettmuskulatur wird stärker, es tritt der männliche Behaarungstyp auf, die Brust schwindet und der Bartwuchs beginnt. Normalerweise regelt jedoch der genetisch festgelegte Stoffwechsel, daß der Mensch sich körperlich nicht »doppelt« verausgabt und ein Zwitter wird.
Anders ist das noch bei den niederen Tieren. Ein Bandwurm zum Beispiel, der zeitlebens zweigeschlechtlich ist, sich also ständig selbst befruchten kann, der verbraucht den größten Teil seiner Energie in diesen Selbstbefruchtungsvorgängen und hat ein winzig kleines Nervensystem. In diesem Zusammenhang ist es interessant, daß beim Menschen und den höheren Säugetieren jeweils während der Embryonalentwicklung genau parallel zu dem »Verzicht« auf die Ausbildung des entgegengesetzten Geschlechtes die Großhirnbläschen aussprossen. Die Ausbildung der Großhirnhemisphäre und die Differenzierung der Keimdrüsen fallen also in denselben Zeitraum der Embroynalentwicklung. Das heißt, was im ersten Buch Mose im Bild geschil-

dert wird, daß die Geschlechtertrennung zusammenfällt mit der Bewußtseinsentwicklung, zeigt sich hier als biologische Tatsache. Fragt man nach der Bedeutung dieser Tatsache für das Selbstverständnis des einzelnen, so kann hierbei ein Ergebnis von Rudolf Steiners geisteswissenschaftlicher Forschung wegleitend sein. Wir wollen es als Arbeitshypothese einmal vor uns hinstellen: Wir verdanken den Impuls zur Gehirnentwicklung dem Verzicht auf die Reproduktionskraft des anderen Geschlechtes. Das heißt, wenn sich körperlich eine weibliche Anlage ausbildet und der Verzicht eintritt auf die Wachstumskraft der männlichen Anlage, dann machen die nicht benutzten männlichen Fortpflanzungskräfte eine Metamorphose durch und wirken mit beim Aufbau des Großhirns und beim Denken selber.

Wir wollen jetzt aufgrund dieser Hypothese einmal hinblicken auf die Unterschiede von Mann und Frau in leiblicher und seelischer Hinsicht. Der Mann ist in der Regel etwas schwerer, muskelstärker, hat eine tiefere Stimme, ein etwas schwereres Gehirn. Das männliche Fortpflanzungshormon Testosteron mit seiner anabolen, das heißt den Eiweißaufbau stimulierenden Wirkung spielt hierbei eine wesentliche Rolle.

Frauen sind dagegen leichter gebaut, eben das »schwache Geschlecht«, und haben in bezug auf körperliche Kraft im Durchschnitt (im einzelnen stimmt das natürlich nicht, das ist selbstverständlich) etwas weniger zu bieten, sind ein bißchen weicher, ein bißchen zarter und nicht so »ganz da« wie die Männer.

Eine weitere wichtige Verschiedenheit ist die Funktionsweise der so unterschiedlichen männlichen und weiblichen

Fortpflanzungsorgane. Diese wollen wir uns in diesem Zusammenhang jetzt einmal vor Augen führen. Denn damit müssen ja auch entsprechende Unterschiede in der Dynamik des Gedankenlebens zusammenhängen. Stellen wir uns die Tätigkeit der Ovarien vor. Etwa vom 14. bis 48. Lebensjahr wird jeden Monat ganz getreulich ein Ei zur Reife gebracht. Auch der Uterus wird jeden Monat dazu vorbereitet, das befruchtete Ei aufnehmen zu können. Und dann wird im Falle der Nichtbefruchtung die Uterusschleimhaut wieder umgebaut und das Ei zusammen mit der abgestoßenen Schleimhaut ausgeschieden in der Monatsblutung. Entsprechend ändern sich die Spiegel der weiblichen Fortpflanzungshormone in strengen monatlichen Rhythmen. Ganz anders die Tätigkeit der männlichen Fortpflanzungsorgane: Unablässig Tag und Nacht werden Spermien und Samenflüssigkeit gebildet. Die Menge ist individuell verschieden, und es besteht eine gewisse Beziehung zwischen Angebot und Nachfrage. In gewissen Grenzen läßt sich die Samenbildung daher vom Mann selber steuern. Auch wenn bisweilen behauptet wird, daß das nicht möglich sei, ist es dennoch eine Tatsache. Hier liegt jedenfalls eine ganz andere Dynamik vor, eine ungeheure Produktivität, hochspezialisierte Zellen werden gebildet und ausgestoßen. Und interessanterweise gibt es keine Zelle des Körpers, die sich erneuert, sei es Haut, Niere, Knochen, Blut, irgend etwas – die für ihre Reproduktion, das heißt ihre Zellerneuerung nicht die Anwesenheit männlicher und weiblicher Geschlechtshormone brauchen würde. Auch ist nahezu jede Körperzelle in der Lage (das wurde an der Ratte erforscht), kleine Spuren Östrogene und Androgene zu bilden. Die Fortpflanzungsorgane in ihrer Verschiedenheit

bilden eine Art Reservoir, in dem große Hormonmengen entstehen. Die Tätigkeit der Fortpflanzungsorgane und der damit verbundenen hormonellen Vorgänge stellen in ihrem Zusammenwirken einen Spezialfall dar – in dem sie der Entstehung eines neuen Menschenlebens dienen –: der unablässig sich vollziehenden Reproduktion und Wiederherstellung des eigenen Organismus.
Was sagen uns diese Phänomene? Wenn Sie sich noch einmal daran erinnern, was wir vom Altern gesagt haben: wie wir in der Abbauphase im Alter bemerken, daß die seelische und die geistige Entwicklung gesetzmäßig Jahr um Jahr fortschreiten können, weil die durch das Altern nicht mehr leiblich genutzten Regenerationskräfte dem Denken zur Verfügung stehen können, so fällt von hier ein Licht auf die seelische Verschiedenheit von Mann und Frau. Denn selbstverständlich muß in der seelischen Dynamik, in der Art des Denkens ein anderer Akzent sein, je nachdem, welche der Organtätigkeiten körperlich nicht eingesetzt werden. Die Dynamik einer solchen Eireifung, wie sie sich bei der Frau abspielt, steht dem Mann als metamorphosierte Wachstumskraft rein seelisch zur Verfügung. Das heißt, er wird in seiner Art zu denken etwas zur Verfügung haben, das ihn von vornherein dazu disponiert, stärker bei einer Sache bleiben zu können, stärker abgeschlossen von der Umwelt, das heißt abstrakt eine Sache zu durchschauen und prüfen zu können. Das weibliche Fortpflanzungsorgan ist eben ganz von der Umwelt abgeschlossen, das hat keine umweltgerichtete Dynamik, sondern hat eine nach innen gerichtete Dynamik. Seelisch zeigt sich das beim Mann in einer stärkeren In-sich-Geschlossenheit des Gedankenlebens, in einer damit verbundenen besseren Konzentrations-

fähigkeit; er kann nicht so leicht abgelenkt werden. Er kann jedoch eher ideell verarmen, die Neigung entwickeln, immer bei bestimmten Maximen zu bleiben, gewohnheitsmäßig beim bewährten Vertrauten zu verharren. Er liebt dann »seine Ruhe« und meidet Gelegenheiten, wo es bunt zugeht und Unruhe und Unvorhersehbares entstehen könnte. Im weiblichen Seelenleben herrscht dagegen eine andere Dynamik vor; sie ist durch die körperlich nicht genutzten männlichen Fortpflanzungsorgantätigkeiten geprägt. Ihr fällt es leichter, einen neuen, ungewohnten Gedanken aufzunehmen. Ihr Gedankenleben hat eine mehr nach außen gerichtete Dynamik, ist sprühender, anregender, farbiger, aber auch unsteter und sprunghafter als dasjenige des Mannes. Sie denkt auch ganz anders nach und überrascht den erstaunten Ehemann oft mit der Äußerung: »Ich habe mir das noch einmal neu überlegt«, womit dann ein für ihn längst Klares und Abgeschlossenes wieder in den Bereich des Ungewissen gerückt wird. Ein Herr, der viel mit Sekretärinnen zu tun hat, erzählte mir einmal: »Sie glauben gar nicht, was die alles noch zu besprechen haben, wenn ich längst denke, daß das Problem bereits geklärt ist.« Das Sprühende, Anregende, aber auch Unstetere in der Gedankenführung steht der Fähigkeit des Mannes gegenüber, mehr zum ruhigen konsequenten Ausreifenlassen der Gedanken zu kommen. Deswegen ist es für jedes echte erkenntnissuchende Gespräch eine Bereicherung und Förderung, wenn sich Männer *und* Frauen daran beteiligen. Auch wenn im weiteren Leben das Individuelle Seelenleben durch Lernprozesse das Gattungsmäßige immer mehr überformt und verwandelt, bleibt doch eine gewisse Grundfärbung zeitlebens vorhanden. Es ist so, daß das weibliche Seelenleben umweltoffener, wahrnehmender, farbiger, phantasievoller und beweglicher ist. Und das des Mannes verläßlicher, vorhersehbarer in der Reaktion, konstanter und zentrierter. »Sie« hat die Einfälle – »Er« das Durchhaltevermögen. So könnte man es überspitzt zusammenfassen. Und da der andere sucht, was ihm fehlt, findet man oft bei »Ihr« die Sehnsucht, sich aufgehoben, gehalten, gestützt zu fühlen. Umgekehrt bei »Ihm« die Neigung, aus dem Gewohnten auszubrechen und sich anregen zu lassen. Deutlich wird jedoch, daß weder der eine noch der andere das im anderen findet, was er selber ist. Vielmehr erwacht das Bewußtsein für die persönlichen Eigenheiten gerade am Erleben der Andersartigkeiten des anderen.

Daß dieses nicht durchschaut wird, damit hängen eine Vielzahl von Eheproblemen zusammen. Nämlich diejenigen, die dadurch entstehen, daß man auf der Suche nach sich selber und dem Wesen und Sinn der eigenen Existenz ist und diese Suche in den Partner projiziert und nun meint, im anderen das eigene Selbst gefunden zu haben. Auch wenn wir an der Begegnung mit dem anderen zur immer genaueren Erkenntnis des eigenen Wesens aufwachen – wer der andere wirklich ist, das bleibt in Wahrheit ein Rätsel, davon können wir uns nur immer wieder neu ein Bild zu machen versuchen. Hat man die Suche nach sich selbst mit der Partnersuche verwechselt, so ist der erste ganz große Konflikt der, daß man lernen muß, daß der andere doch ganz anders ist, ein anderes Schicksal hat als man selbst, auch wenn zunächst durch das Zusammenkommen zweier Polaritäten ein grenzenloses Harmoniegefühl entstanden ist und man sich ganz einig und eins gefühlt hat. Zwei verschiedene Seelen- und Körperarten haben sich ergänzt, zwischen beiden besteht eine naturgegebene seelische und körperliche Anziehung. In beiden aber lebt ein ganz individuelles Menschen-Ich, das sich aus der Harmonie heraus eines Tages wieder stärker zu regen beginnt und nach Fortentwicklung verlangt. Dieses Geistig-Individuelle, was in der Seele und im Körper lebt und unablässig tätig ist, wirksam ist, weil es reiner Geist ist, revoltiert. Es war vorübergehend im Erleben der Gemeinsamkeiten wie untergetaucht. Manchmal wird es sogar von den Menschen so formuliert: Wo war ich bloß die ganze Zeit? Und mit einem Mal ist plötzlich der Abstand wieder da und die Einsamkeit des Menschen-Ich wird wieder erlebbar. Die Suche nach »sich selbst« ist dadurch nicht abgenommen worden, daß der Lebensgefährte gefunden worden ist. In dieser Krisensituation haben es heute die Frauen noch immer wesentlich schwerer als die Männer, denen man die Notwendigkeit zur individuellen Persönlichkeitsentwicklung eher zugesteht. Das Ich der Frau wird gern identifiziert mit ihren körperlichen und seelischen geschlechtsgebundenen Eigenschaften. Hier ist noch viel Aufklärungsarbeit zu leisten, daß jeder im anderen den geistigen Wesenskern als einmalig, allgemeinmenschlich und unverwechselbar anerkennt. Andererseits ist es schier unmöglich, Eheschwierigkeiten zu bekommen, wenn jeder innerlich sicher seinen Weg geht und sich für das Ergehen des anderen brennend interessiert, und wenn man sich über Fragen des »den eigenen Weg gehen« unterhalten kann und die Abgründe und Einsamkeiten, mit denen der andere und man selbst immer wieder zu kämpfen hat, als notwendige Marksteine der inneren Entwicklung akzeptieren kann. Viele Konflikte hängen gerade damit zusammen, daß hierüber nicht recht gesprochen werden kann und jeder vom anderen meint, daß dieser ihn »nicht versteht« – ja, »nie verstanden hat« und daß das harmonische Zueinanderfinden nur eine schöne Illusion war. Faßt man die Ehe als Gemeinschaft zweier Individualitäten auf, die sich gegenseitig in ihrer Entwicklung fördern wollen, so wird sie zu einem fruchtbaren Übungsfeld. Und dies ist nur in der Kontinuität zu erfahren. Denn eine Eigenschaft, woran Sie immer die Ich-Qualität des Menschen erkennen können, das ist die Kontinuität. Wir erleben ja unseren geistigen Kern, unsere Identität, gerade daran, daß sie nicht schwankt wie unser Seelenleben. Die Gefühle können sehr verschieden sein, je nachdem, was wir erleben, aber alles, was wir sozusagen dauerhaft in unserem Seelenleben erzeugen können: bleibende Neigungen, Pflege von Idealen, Durchtragen bestimmter Entschlüsse, das bekommt Anteil an unserem Ich, an unserer ewigen Persönlichkeit. Allem, womit wir uns im Ich verbinden, verleihen wir dadurch Dauer, das heißt aber auch, daß wir es nicht mehr verlassen. Und eine Ehe ist eigentlich in dem Moment erst eine Ehe, wo sie von Ich zu Ich aus Interesse am Wesen des anderen geschlossen wird. Und eine solche Beziehung ist dann von Dauer, weil sie geistig wesenhaft ist. Die Beziehungen, die zerbrechen können, sind nicht von Ich zu Ich geschlossen worden. Da haben andere Motive vorgeherrscht. Denn in dem Moment, wo man vom Ich aus eine Beziehung schließt, tritt auch die Freiheit gegenüber der naturgegebenen körperlichen und seelischen Anziehung auf. Da fragt man dann nicht mehr so sehr danach, was brauche ich jetzt vom andern, sondern da fragt man viel eher danach, weil man sich für dieses Ich des anderen interessiert, was braucht denn der andere von mir? Und in dem Moment tritt man in den Bereich einer Liebe ein, die man die christliche Liebe nennt, weil sie schenkend ist.

Im 1. Korintherbrief des Paulus werden ihre Eigenschaften beschrieben: Sie ist langmütig und freundlich, sie kennt keinen Neid, keine Prahlerei, ist immer wahr und echt, verletzt nicht, treibt die Selbstsucht aus, trägt Böses nicht nach – ja, sie erträgt alles, hofft auf alles, ist unsäglich geduldig und vertrauensvoll.

Wir sehen, hier werden Qualitäten des Ich, des Menschengeistes beschrieben. Da das Ich aber auch in Seele und Leib tätig ist, haben wir natürlich auch die mit ihnen zusammenhängenden Formen der Liebesäußerungen zu erleben. Wir kennen die seelisch geprägte Liebe, bei der ein überwiegender Selbstbezug vorherrscht und die im Griechischen Philia genannt wird. Hier leben beide seelisch stark voneinander – man ist ganz füreinander, aber das Schenken ist stets auch mit der Erwartung zu empfangen verbunden. Wird diese Erwartung enttäuscht oder glaubt man sich vom anderen nicht mehr so innig und ausschließlich geliebt, so kann diese Liebe in Haß oder Eifersucht umschlagen. Diese Liebe lebt daher vom ständigen Geben und Nehmen, mal mehr der eine, mal mehr der andere. Es ist die Liebe derjenigen Freundschaften, die ihr Auf und Ab haben, durch Krisen gehen, die zerbrechen können, aber auch einmalig wunderschön sind und sicher ein ganz elementarer Bestandteil unseres Menschenlebens. Außer dieser mehr im Seelischen wurzelnden Liebe kennen wir noch die an die Lebensorganisation gebundene Erotik und die an die Einbeziehung des ganzen Leibes gebundene Sexualität. In allen diesen Schichten unseres Wesens können wir uns erlebend bewegen und die Erfahrungen der Liebe sind um so beseligender, je mehr sie im Ich empfangen und von ihm gegeben werden und damit in der Freiheit der beiden Persönlichkeiten gegründet sind.

Nachdem in dem bisher Ausgeführten Unterschiede in der leiblichen und seelischen Verfassung von Mann und Frau zur Darstellung gekommen sind und wir zuletzt die Liebefähigkeit als Offenbarung des Menschen-Ich in allen Wesensschichten zu charakterisieren versucht haben, soll jetzt zum Abschluß noch das pädagogische Problem der Selbsterziehung angesprochen werden. Rudolf Steiner bemerkte einmal auf die Frage nach der Ursache der zunehmenden Eheschwierigkeiten, daß dieses in erster Linie Ausdruck einer nicht stattgehabten Erziehung zur Verträglichkeit sei. Läßt sich eine solche Erziehung zur Verträglichkeit im späteren Leben nachholen? Wer kann von sich sagen, daß er wirklich zu Toleranz und Verträglichkeit erzogen worden ist? Da können wir sicher alle noch viel hinzulernen. Ich möchte daher zwei Hilfen nennen, die sich auf diesem Gebiet bewähren:

Das erste Hilfsmittel ist, sich auf sein eigenes Verhältnis zur geistigen Welt zu besinnen. Was ist mein Lebensziel? Welches das Ideal meiner Entwicklung? Wie sehe ich dieses in Verbindung zu der Tatsache, daß alle anderen Menschen sich ebenfalls entwickeln? Gibt es ein uns Menschen gemeinsames Ideal des Werdens, der Menschlichkeit, zu dem die unterschiedlichsten Wege hinführen? Und – kenne ich das Lebensideal meines Ehepartners? Kann ich dieses Ideal lieben als sein Zentrum, seine innerste Sehnsucht nach Daseinsverwirklichung?

Das zweite Hilfsmittel ist die Befolgung eines sozialthera-

peutischen Ratschlages von Rudolf Steiner, den er in einem Vortrag am 10. 10. 1916 in Zürich gegeben hat:
Man nehme den anderen Menschen, wie er ist, und versuche aus dem, was er ist, das Allerbeste zu machen.
Es ist tatsächlich meistens so, daß man haargenau das Umgekehrte tut: Man nimmt sich selbst gern so wie man ist und kritisiert an dem anderen herum. In dem Augenblick, wo man Freude daran bekommt und Phantasie entwickelt, aus allem, was gesagt wird und geschieht, das für das gemeinsame Leben Fruchtbarste zu machen, kann es zu kraftraubenden unfruchtbaren, sich ewig wiederholenden Konflikten nicht mehr kommen. Vielmehr lernt man sich gegenseitig durch ein solches Bemühen erst richtig kennen, lernt über Unvollkommenheiten des anderen zu schmunzeln, die einen früher zur Weißglut bringen konnten, und bemerkt viele positive Gestaltungsmöglichkeiten des gemeinsamen Lebens, die man bisher noch gar nicht entdeckt hatte. Wenn man in der Praxis mit Eltern über diesen Punkt spricht, so sind es meistens die Männer, die ganz verständnisvoll nicken, wogegen die Frauen einem entgegenhalten: Ja, die Erfahrung habe ich schon oft gemacht, daß es in dem Augenblick keinen Streit mehr bei uns gibt, wo ich mich so verhalte, wie es mein Mann von mir erwartet. Wenn ich mich in allem füge und flexibel zeige, gibt es zwar keine Probleme, aber ich fühle mich in meinen Wünschen, Fragen und Problemen alleingelassen und nicht ernstgenommen.
Und hier liegt tatsächlich ein Kern des Problems. Solange man sich so fühlt als »müsse« man sich eben unterordnen und als herrsche keine Partnerschaftlichkeit im Äußern von Bitten oder Wünschen, steht man natürlich noch nicht auf

dem Boden, auf den hier mit der zweiten Hilfe hingedeutet wurde. Denn dieser Boden kann nur durch einen freien Entschluß betreten werden. Man *will* das Beste daraus machen im Vertrauen auf die Entwicklungsfähigkeit des anderen, auch wenn er sich vielleicht erst einmal gar nicht ändert.

Es ist eine Lebenserfahrung, daß ein Mensch, der unausgesetzt von einem anderen die Bejahung seiner Existenz erfährt, sich in einer solchen Atmosphäre anders entwickeln kann, als wenn er im Inneren resigniert hat, weil er spürt, daß er dem anderen doch nichts recht machen kann und den hohen, in ihn gesetzten Erwartungen nicht entspricht. Es zeigt sich immer wieder, daß in Gesprächen dieser Art der charakteristische Unterschied im Seelenleben von Mann und Frau zum Tragen kommt und wo dieses unbewußt bleibt, zum Konflikt führen muß: SIE hat eben aufgrund ihrer stärkeren seelischen Farbigkeit und Regsamkeit eine konstitutionelle Neigung, IHN zu idealisieren und mehr in ihm zu sehen, als er bieten kann. Umgekehrt hat ER die konstitutionelle Neigung, sich rascher zufrieden zu geben, eher etwas weniger von dem wahrzunehmen, was SIE ist und eigentlich will, und hat in ihren Augen oft zu geringe Ansprüche an das gemeinsame Leben und seine Gestaltung. Das heißt, bei der Frau liegt die Übung des oben angeführten Satzes – »den anderen nehmen, wie er ist, und daraus das Beste machen« – mehr darin, daß sie sich bemühen muß, realistischer zu werden, und beim Mann läge die Verwirklichung des Satzes mehr darin, ein wenig idealistischer zu werden. Beiden gemeinsam wäre das damit verbundene Bemühen, die Persönlichkeit des andern in ihrem Tätigsein, in ihrem Sosein ernst zu nehmen.

Und damit ist noch ein weiteres verbunden. Es betrifft den menschlichen Umkreis, den beide Partner haben. Bei der Hochzeit war es so, daß Verwandte und Freunde der beiden sich begegneten, daß einander eigentlich wildfremde Menschen sich bei klingenden Gläsern das »Du« angeboten haben und die Ehe sich als ein sozialverbindendes Ereignis in den Alltag zweier Menschenkreise hereingestellt hat. Aber damit ist ein Prozeß in Gang gekommen, der seine Fortsetzung findet und an dem eines Tages die Ehen auch wieder zerbrechen: Denn der menschliche Umkreis des Partners, sein Schicksalsfeld, seine Beziehungen sind ja mit der Eheschließung nicht in einen Ruhezustand eingetreten, sondern wachsen weiter. Und so fordert das Ernstnehmen des anderen auch ein echtes Interesse für die menschlichen Beziehungen, die der andere hat oder neu eingeht. Gelingt es nicht, diese Menschen ebenso in sein Seelenleben mit aufzunehmen, wie man es bei der Hochzeit mit Verwandten und Freunden des Partners versucht hat, so kann die Intensität neuer Freundschaften auf die Ehe sprengend wirken, statt sie zu bereichern. Wäre mit dem Entschluß zur Ehe, zur Lebensgemeinsamkeit, auch der Entschluß verbunden, das Schicksal des anderen mit den ihm verbundenen Menschen ebenfalls zu heiraten, so könnten viele menschlich zunächst kompliziert erscheinende Konstellationen in ein gesundes, alle Beteiligten förderndes Geleis kommen. Denn Eifersucht und Gleichgültigkeit können dann viel leichter im Keim erstickt und überwunden werden.
Und auch hier erweist sich die Hilfe, das Beste aus diesen Konstellationen zu machen, über sie zu sprechen und aus ihnen etwas über sich und den anderen zu lernen, als segensreich. Liebe schenken und Liebe genießen fallen im Le-

ben zeitlich nicht immer zusammen. Dafür lernt man gerade durch diese Tatsache kennen, wie schwer sich die schenkende, Ich-getragene geistige Liebe aus der Seele herausringt, wenn man den selbstbezogenen Liebesgenuß als Zentrum der Gemeinsamkeit bisher empfunden hatte. Eifersuchtsgefühle, Verzweiflung, Leerheit und Sehnsucht nach dem Verlorenen wecken einen auf für die Einseitigkeit und Geistferne, von der die Liebe zum Ehepartner bislang eben doch geprägt war. Hingegen können Empfindungen des Enttäuschtseins nicht Platz greifen, wenn es einen brennend interessiert, warum gerade dieser neu hinzugekommene Mensch dem anderen soviel bedeuten kann. Eine derartige Lebenshaltung mag dem einen oder anderen von Ihnen wirklichkeitsfremd erscheinen. Sie wird demjenigen jedoch sofort einleuchten, der das Eheleben als einen Weg ansieht, den anderen in seiner Entwicklung zu fördern und sich selbst mit der geistigen Welt und den die Menschheit leitenden Lebensidealen in Beziehung zu wissen.

Es ist in diesen Ausführungen versucht worden, einige grundlegende Gesichtspunkte aus dem medizinisch-pädagogischen Bereich zum Thema Ehe darzustellen. Ausgangspunkt für mich war dabei die heutige Erfahrung in der Kindersprechstunde, wie sehr eine Atmosphäre der Verträglichkeit oder der Konfliktbereitschaft die kindliche Entwicklung beeinflussen können. Und so möge denn auch die Liebe zur heranwachsenden Generation, die noch härteren Zeiten entgegengehen wird, als es die unsrige ist, dazu beitragen, daß wir immer wieder die nötige Begeisterung dafür aufbringen, unsere sozialen Beziehungen gerade im häuslich-alltäglichen Bereich in menschenwürdige Bahnen zu lenken und zu pflegen.